RÉPONSE

A LA RÉPONSE

DE M. DE CHAMPCENETZ;

*Au ſujet de l'Ouvrage de Madame la B. de S***. ſur Rouſſeau.*

Laiſſez dire les ſots, le ſavoir a ſon prix.
LAFONTAINE.

RÉPONSE

A LA RÉPONSE

DE M. DE CHAMPCENETZ,

*Au sujet de l'ouvrage de Madame la B. de S***. sur Rousseau.*

IL y a bien de l'audace à vous, me disoit l'autre jour un jeune Officier plein d'ignorance & de candeur, de vous engager dans une querelle avec un Ecrivain aussi redoutable que M. de Champcenetz. Vous ignorez donc, me disoit-il, qu'il est l'auteur d'une *Parodie d'Athalie* qui a fait du bruit, & de l'*Almanach de nos grands Hommes* qui en fait encore. Vous ne craignez point cette ironie fine, ces sarcasmes ingénieux, cette désespérante gaîté qu'il répand avec tant d'abondance & de facilité dans tout ce qu'il écrit. Savez-vous bien que les honnêtes femmes le craignent, & qu'il fait trembler celles qui ne le sont pas. Ses couplets en ont désespéré plus d'une, &, pour tout dire en un mot, vous n'ignorez pas qu'il n'a pas plus ménagé ſon père que ſes amis. Vous avez tort, continuoit ce bon jeune homme, de vous attaquer à lui, & vous vous en repentirez aſſurément. Je lui répondis : ce que vous venez de me dire, eſt donc un effet de la réputation de M. de Champcenetz en Province, car vous en arrivez ? Non, me dit-il ; en Province on ne ſait pas s'il exiſte, mais c'eſt à Paris chez quelques femmes du monde, & chez quelques jeunes gens de ſes amis, que j'ai appris ce que je viens de vous dire. —— Voulez-vous me permettre, lui répliquai-je alors, de vous éclairer ſur le compte de M. de Champcenetz ? *Ses amis* vous ont trompé, parce qu'il les a trompés lui-même ; il a eu le courage de s'attribuer les deux Pamphlets dont vous venez de me parler, *&* *ſes amis* l'ont cru. *CET Ecrivain ſi redoutable*, pour me ſervir de votre expreſſion, a publié d'abord quelques chanſons obſcures & mal tournées, que perſonne ne lui diſpute ; celle qui commence par ces vers,

De *Louvois* ſuivant les leçons
Je fais des chanſons & des dettes.

n'eſt pas de lui ; M. de *Louvois* l'avoit faite dans ſa jeuneſſe, & pluſieurs Officiers de ſon Régiment me l'ont aſſuré. Il y avoit ſeulement dans le premier vers le nom d'un de ſes amis, & M. de Champcenetz y ſubſtitua celui de *Louvois*, ce qui eſt très-délicat & très-ingénieux. Voici un couplet que je prends au haſard dans le recueil de ſes chanſons qu'il fit imprimer l'année derniere, & qu'un homme d'eſprit lui conſeilla de ne pas faire paroître ; il s'en eſt cependant répandu quelques exemplaires ; le reſte a été brûlé. Cette chanſon eſt intitulée le *Palais Royal ;* elle commence ainſi :

Vive les nuits étoilées
De ce *jardin enchanteur*,
Où les femmes ſont voilées
Aux dépens de la pudeur :
Deſſous ces fraiches allées
La MOINS *ſage* eſt à l'abri
De la honte & du mari.

Je n'ai pas beſoin de vous faire obſerver combien ce couplet eſt fade & mal tourné ; en voici un autre :

Mais *chut*, on y voit ſans ceſſe
Les illuſtres de la Cour,
S'y délaſſer dans la preſſe
Des bienſéances du jour :
Aiſément chaque *Princeſſe*
Docile à ſon *Ecuyer*,
Saiſit le ton du quartier.

Ce *chut* doit paroître bien fin à M. de Champcenetz ; & les expressions de ***Princesse*** & d'***Ecuyer*** sont sur-tout d'un excellent ton. Il dit ensuite dans un autre couplet :

La prude & foible décence
Combat, brouille tous les goûts.

La prude décence qui combat & brouille les goûts, ne vous paroît-elle pas une Sentence très-ingénieuse ? Mais ne parlons plus de ces chansons qui sont toutes plus mauvaises que celle-là, & revenons aux deux fameuses épigrammes qu'il s'est noblement attribuées. Celle-ci,

Eglé belle & Poëte a deux petits travers,
Elle fait son visage & ne fait point ses vers.

est imprimée dans un recueil du siecle de Louis XIV, sans nom d'auteur. On a voulu dévoiler ce plagiat dans le Journal de Paris ; mais les Journalistes ont eu peur de M. de Champcenetz & ont refusé de l'imprimer. C'est à tort que plusieurs personnes croient que cette épigramme est de M. le Brun, ce Poëte, qui en fait de meilleures, a trop d'esprit & de délicatesse pour avoir dit à qui que ce soit qu'elle fut de lui. L'autre épigramme, contre Madame de St***, n'eſt pas plus de M. de Champcenetz que la précédente ; je l'ai vue faire, & je la lui ai vue donner ; il la trouva ſi à ſon gré, que ſa reconnoiſſance l'emporta ſur ſon amour-propre, & ſur ſon égoïſme ; l'auteur fut vivement remercié, & invité à un joli ſouper. Vous ne ſerez pas fâché que je vous la répete.

Armande a pour eſprit tout ce qu'elle a pu lire,
Armande a pour vertu le mépris des appas ;
Elle craint le railleur que ſans ceſſe elle inſpire,
Elle évite l'amant qui ne la cherche pas.
Puiſqu'elle n'a point l'art de cacher ſon viſage,
Et qu'elle a la fureur de montrer ſon eſprit,
Il faut la défier de ceſſer d'être ſage,
Et d'entendre ce qu'elle dit.

Vous avouerez que cette épigramme eſt ſpirituelle & bien écrite, & vous voyez bien que l'*Auteur redoutable*, qui a fait les couplets que je viens de vous dire, ne peut pas avoir fait ces vers-là. En fait de ſtyle, il n'y a point de bonheur ; quand on écrit bien une fois, on écrit toujours bien. Mais avez-vous oui-dire, continuai-je, à ce jeune Officier, qui m'écoutoit avec l'étonnement de l'innocence, que M. de Champcenetz s'étoit battu autrefois & avoit reçu un coup d'épée pour une chanſon qu'il n'avoit point faite, & qu'il s'attribuoit ? Le fait eſt vrai ;

ce qu'il y a de plaiſant, c'eſt que celui qui la lui diſputoit ne l'avoit pas faite non plus, & que le véritable auteur le remercia quelques jours après de s'être battu pour lui avec ce plagiaire de Champcenetz. Comment donc, s'écria, mon jeune homme avec colere, ils ont eu la lâcheté d'avoir ce courage-là? En vérité, Monſieur, répliqua-t-il, tout ce que vous venez de me dire me fait rougir de ma candeur, déformais je ſerai moins crédule, & je ne laiſſerai plus diriger mon opinion *par les amis & les amies* de qui que ce ſoit. Cependant, ajouta-t-il, il faut que M. de Champcenetz ait fait quelques Ouvrages, outre ſes chanſons, pour être connu comme il l'eſt à Paris. —— Si vous voulez m'écouter encore un moment, lui dis-je, je vous apprendrai le ſecret de ſa plaiſante renommée, ce qui ne ſera pas long. Champcenetz eſt né avec une fortune paſſable qu'il a diſſipée avec fracas; il a eu des chevaux, des filles, des laquais; tout cela fait du bruit. Il a fait des chanſons contre ſes parens, ſes amis & ſes maîtreſſes; il a été lié avec *Louvois* qui avoit l'eſprit très-original & très-piquant, & dont on citoit ſouvent les bons mots; Champcenetz les colportoit, & n'étoit pas toujours très-fidele; il a été enfermé au Château de Ham pour la chanſon des dettes où il ſouhaite à ſes parens une ſi longue vie ; au sortir delà il fit la connoissance de M. de R. ; des Epigrammes, des Parodies, des Almanachs, furent le fruit de cette liaison, & la réputation de M. de Champcenetz devint effrayante. En faut-il davantage, dans une Ville comme Paris, pour occuper de soi les têtes vuides qui y fourmillent ? Mais je ne dois pas oublier de vous parler de sa brochure intitulée l'*Amour des femmes pour les sots*, qui n'est autre chose qu'une satyre contre les femmes qui l'ont aimé. Cette bagatelle qui n'est pas trop légere & qui est très-sérieuse, a dévoilé à jamais son peu d'esprit & son manque absolu de talent. Il s'y trouve cependant quelques idées assez fines dont je m'apperçus qu'il n'avoit pas la conscience, & qui montrent combien son innocence étoit coupable, puisqu'un homme d'esprit lui reprocha devant moi d'avoir pillé sa conversation, qui est toujours fort bien écrite. Il a publié ensuite une seconde brochure qu'il a appellée les *Gobemouches* (1), où il a eu l'instinct de faire

---

(1) Cette satyre valut dans le tems l'épigramme suivante à M. de Champcenetz :

Quand on a lu l'œuvre éphémere
De ce triste & frivole auteur,
On sent un mépris bien sincere
Pour son esprit & pour son cœur.

ſon portrait, & où il a déchiré le ſeul homme qu'il devoit épargner. Le ſtyle eſt comme celui de la précédente, énigmatique, ſérieux, froid & ſans couleur. Mais l'ouvrage enfin où il ſe montre tout entier, où l'on découvre, pour ainſi dire, le beau idéal d'une ignorance parfaite, eſt celui qu'il vient de publier contre la Baronne de St***. Nous allons l'analyſer enſemble ſi vous n'avez rien de mieux à faire. —— Volontiers, me dit le jeune Officier; mais auparavant permettez-moi de vous demander pourquoi M. de Champcenetz fait des ouvrages ſi ſérieux, lui qu'on dit être ſi gai dans la converſation ? --- Eh bien! repris-je, on vous a encore trompé; c'eſt que ſa converſation eſt ſans gaieté. Il rencontre quelquefois des calembourgs qui le font rire lui-même; & c'eſt ſa conſcience aſſurément qui l'a forcé à cette habitude, car ce qu'il dit eſt généralement fort riſible. Lorſqu'on voit une groſſe perſonne réjouie éclater au moindre mot qui échappe de ſa bouche, on rit ſoi-même par imitation; le rire ſe communique tout comme le baillement, ce que j'ai bien éprouvé à ſes côtés; car à force de me faire bailler, il finiſſoit par m'imiter lui-même, & cela me faiſoit rire. Il a auſſi un bégaiement d'eſprit qui ſe communique à ſa langue, & *ſes amis* trouvent cela charmant. —— Vous êtes véritablement cruel, me dit le jeune homme ; vous dépouillez M. de Champcenetz d'une maniere insupportable, & vous me faites trop rougir de l'avoir loué ; vous n'êtes point généreux : mais au moins vous ne lui disputerez pas une belle figure. -- Que m'importe, repris-je, qu'il porte sur ses épaules, la tête d'un homme de six pieds, quoiqu'il n'en ait que cinq ! La grosseur & la disproportion de de son visage & de son buste ne me font rien du tout, & je me mocque quand il marche qu'il ait l'air d'une piramide renversée ; ce n'est pas cela dont il s'agit ; revenons à sa réponse aux Lettres de Madame de St***.

Dans le titre même de son ouvrage, M. de Champcenetz a écrit ceci : *Bagatelle que vingt Libraires ont refusé de faire imprimer.* S'il n'avoit pas un amour-propre si intrépide, il auroit vu que les Libraires n'ont pas eu tort, & qu'ils sont des Juges pour lui.

Dans l'avertissement de son opuscule, il cite ces mots de Madame de St*** : « *Je ne connois » point d'éloge de Rousseau.* » Cette phrase toute simple fait dire à notre redoutable Ecrivain : *Tel est le prétexte de quelques Lettres qui viennent d'échapper à la* PRUDENCE *ordinaire d'une femme savante.* Sans doute que M. de Champcenetz & *ses amis* trouvent cela une ironie bien piquante ; mais il est bon de les avertir qu'il n'y a rien de moins ironique qu'une phrafe fans efprit. Dans une note de cet avertiffement, il fe fert d'une expreffion de bien mauvais goût & d'une autre de bien mauvais ton. *Depuis la Compagnie qui, au NOMBRE DE QUARANTE, A LE PRIVILEGE DE L'ESPRIT, jufqu'au plus* MINCE TRIPOT LITTÉRAIRE. Un homme du monde écrire ainfi, un Officier aux Gardes! Il dit enfuite dans cette même note, *ce qui diftingue le faifeur d'Oraifons funebres du flatteur académique, c'eft que l'un ment par zèle & l'autre par devoir.* M. de Champcenetz fe trompe dans ce rapprochement; ils mentent tous les deux par devoir; ils y font obligés par état. Pour ne pas faire une analyfe trop détaillée de cette férieufe brochure, nous nous bornerons à citer fouvent notre illuftre Auteur fans nous permettre la moindre réflexion. Il dit que Madame de St***. A AGITÉ SA PLUME *avec la confiance de la pédanterie, & que l'analyfe des Œuvres de Rouffeau, faite* PAR UNE TELLE IMPULSION, *doit caufer* UNE ESPECE D'ÉTONNEMENT QUI RESSEMBLE AUJOURD'HUI A L'ADMIRATION. Quel galimathias! il dit en parlant de lui-même, *que fa vie cinique le met à l'abri des aveuglemens populaires, & que l'oifiveté le livre* TOUT ENTIER A LA RÉFLEXION. Il ajoute qu'il n'a pu retenir *les* RÉPLIQUES *de fon imagination, & qu'il a* TRANSCRIT *tout ce qui eft* AR-

RIVÉ naturellement sous sa plume. Admirez la phrase suivante : *En fait de sévérité, celle de la critique me paroît d'autant plus permise, qu'elle est presque toujours INUTILE.* Il finit enfin l'avertissement de son livre par dire : *Je m'accommoderai toujours de cette haine générale qui a fait jusqu'ici ma tranquillité.* Désabusez-vous M. de Champcenetz, vous n'êtes haï de personne. Quel mal avez-vous pu faire ? Des plagiats, des sottises, des calembourgs n'attirent point l'inimitié ; c'est un sentiment plus calme & plus humiliant que vous avez inspiré. Vous n'aurez jamais l'honneur d'avoir des ennemis.

PREMIERE LETTRE.

Comme on pourroit s'imaginer que je suis l'admirateur de Madame de St***, ce qu'à Dieu ne plaise, il me paroît bon de dire ce que je pense de son ouvrage sur Rousseau. D'abord, non-seulement M. de Champcenetz n'a pas su l'analyser, mais il l'a mal compris ; il a critiqué ce qui devoit être loué, & n'a point relevé ce qui méritoit d'être blâmé. Les Lettres de Madame de St***. sont écrites avec trop de prétention ; il y a des obscurités, beaucoup de fausses idées, peu d'esprit de suite, des apperçus manqués, des expressions precieuses, & de la fatigue enfin dans le style. Mais il faut avouer que dans ce même style il y a souvent de la finesse, qu'on trouve dans l'Ouvrage des pensées ingénieuses, & quelquefois du sentiment. Il faut savoir gré sur-tout à Madame de St***. de s'être défait de cette admiration aveugle qui ne permet pas de blâmer la moindre chose dans un grand homme. Tous ces admirateurs me représentent les Courtisans *du grand Louis* qui sont enchantés de porter ses excrémens pendus à leur cou. M. de Champcenetz voit tout en beau dans Jean-Jacques, & fait un crime à Madame de St***. d'avoir séparé son personnel de son génie. Certainement celui qui épouse une servante & qui met aux Enfans-Trouvés les enfans qu'il en a, celui qui n'a su se conserver un ami, celui qui a osé écrire de lui-même que *les [illegible] avoient fait dans ce monde une ligue contre lui*; celui-là, dis-je, n'a pas eu un excellent cœur & n'a pas toujours eu un bon esprit. Mais ce même homme a fait l'Emile, l'Héloïse, & le contrat social, & notre admiration pour son génie ne peut être assez grande. Qu'importeroit d'ailleurs à moi que Rousseau eût mal pratiqué la morale qu'il a si bien prêchée, & qu'il n'eût pas été vertueux, s'il me fait aimer la vertu?

M. de Champcenetz fait un reproche à Madame de St***, qui est bien loin d'être fondé.

Il s'eſt imaginé que ſes Lettres étoient plutôt une critique qu'un éloge ; il ſe trompe ; c'eſt l'un & l'autre. L'Académie veut qu'on loue toujours, & la raiſon veut que l'on critique quelquefois. Ici, notre *illuſtre Auteur* s'eſt rangé du côté des Académiciens, & il faut eſpérer qu'ils lui en ſauront gré, malgré la note qui eſt au commencement de ſon livre.

Notre redoutable Ecrivain fait encore un crime à Madame de St*** d'être plus éclairée & plus inſtruite que lui ; je crois bien que M. de Champcenetz voudroit mettre tout le monde à ſon régime ; ſon ignorance ne ſeroit plus alors ſi remarquable ; mais en revanche il ſeroit bien à plaindre, car il ne ſeroit plus remarqué. Moliere a eu raiſon, ſans doute, de décrier les pédantes ; mais il ne louoit pas les ignorantes ; il a dit :

> Je conſens qu'une femme ait des clartés de tout ;

Et M. de Champcenetz ne conſent pas à cela. Il dit enfin dans ſes remarques ſur les lettres de Madame de St***, que *Rouſſeau ne devint célebre qu'en devenant infortuné.* Il veut dire ſans doute qu'il ne devint infortuné qu'en devenant célebre ; mais cela n'eſt pas vrai, il fut très-malheureux avant d'avoir la moindre renommée. Notre *ſavant critique* ſe permet, dans cette premiere lettre, un petit blaſpême ; il dit que *Dieu, après des ſiecles d'ennui, a bâti l'univers, avec les lenteurs de l'oiſiveté ;* je ne lui en fais pas un crime ; dans le ſiecle où nous ſommes, cela n'eſt que ridicule. Madame de St*** a dit dans ſon livre que *Rouſſeau eut tort de regarder le progrès des ſciences comme une cauſe de la décadence des empires, tandis qu'il n'étoit qu'un événement contemporain.* Voici le commentaire de M. de Champcenetz, que nous commenterons à notre tour. *Je répondrois à cette ſavante critique, ſi je ſavois ce que ſignifie* UN ÉVÉNEMENT CONTEMPORAIN. LE TEMPS *ne pouvant mettre nul rapport entre deux choſes inanimées, cela me paroît inintelligible.* Il y a là autant de ſottiſes que de mots. Madame St*** a raiſon, quant à l'idée & quant à l'expreſſion. *Notre illuſtre Auteur* a voulu dire que deux choſes inanimées ne pouvoient être appellées contemporaines l'une de l'autre, & il a été parler *du temps*, & s'eſt embrouillé d'une maniere bien ridicule. Au reſte, l'expreſſion *d'événement contemporain* eſt dans Boſſuet, dans la même acception, & l'on ne doit pas être étonné que M. de Champcenetz la trouve mauvaiſe. — *Je ne connois qu'un homme*, dit enſuite Madame de St*** *qui ait ſu joindre la chaleur à la modération ;* ſon critique dit *que cela doit faire une compoſition un peu froide*, & il ſe trompe. Virgile, Racine, Fénélon

nélon ont joint l'une & l'autre, & la chaleur ne manque point à leurs ouvrages. Madame de St*** dit que *c'est dans le discours sur l'inégalité parmi les hommes que Rousseau a mis le plus d'idées.* Cela peut n'être pas vrai, mais voici ce que dit son zoïle. *Rousseau n'a cherché qu'à y combattre les nôtres. Et puis, met-on des idées dans un ouvrage?* On voit bien que M. de Champcenetz parle d'après sa conscience. *On y met du style;* continue-t-il, *& les idées sont arrivées avant qu'on les* TRANSCRIVE. Il n'y a rien, je pense, de comparable à ce que nous venons de citer. Il est bon en passant d'avertir *notre Scaliger* qu'il a employé plusieurs fois le mot *transcrire* pour celui d'*écrire*, & que c'est très-différent. Il faut aussi lui conseiller de mettre le plus d'idées qu'il pourra dans ses brochures; c'est une chose reçue. — Madame de St*** ajoute *que c'est un grand effort de génie de descendre aux simples* COMBINAISONS *de l'instinct naturel.* COMBINAISONS n'est pas le mot propre, ce que M. de Champcenetz n'a pas plus apperçu que Madame de St***; mais voici la critique de son critique. *Le génie ne fait jamais d'effort,* IL SUIT SANS PEINE LES CAPRICES INNOMBRABLES DE LA PENSÉE, IL RELEVE TOUT CE QU'ON RAVALE, *& simplifie tout ce qu'on exalte.* Comment trouvez-vous cette définition? Déformais il ne faudra donc plus se servir de ces expressions : *c'est un effort de génie*, *il a fait un effort de génie* ; M. de Champcenetz en a fait un lui-même, sans s'en douter, d'avoir trouvé seul que *le génie suit sans peine les caprices innombrables de la pensée.* C'est vraiment neuf, & je ne croyois point que *ce même génie*, qui paroît être d'un usage si familier à notre savant, *relevât* ce que nous *ravalons*, & *SIMPLIFIAT ce que nous exaltons.* Quel rapport & quelle opposition dans les mots ! Il dit plus bas que *la patience*, *le goût de la solitude & le mépris de la fortune n'ont jamais abandonné Rousseau ; il avoit donc toutes les facultés du bonheur.* Peut-on dire d'un homme qui a méprisé la fortune, que *le mépris de la fortune ne l'a point abandonné ?* Quel style ! Apprenez donc à écrire un peu correctement, M. de Champcenetz ; apprenez même l'orthographe (1). — Madame de St*** dit *que la perfection du style semble consister plus encore dans l'absence des défauts que dans l'existence des beautés ; dans la mesure*,

---

(1) M. de Champcenetz ne la sait réellement pas. Nous avons plusieurs lettres de lui entre les mains où il n'y en a pas un mot. Nous invitons *ses amis* à faire cette petite observation sur les billets qu'ils ont de lui, & si cela les embarrassoit trop, de les communiquer à quelques gens de lettres qui se prêteront volontiers sans doute à prouver ce que nous avançons.

que dans l'abandon ; dans ce qu'on est toujours, que dans ce qu'on se montre quelquefois ; ce qui est juste & assez bien exprimé. Voici M. de Champcenetz ; ce n'est pas un petite peine que d'être obligé de le transcrire. *Racine! PREMIER ET DERNIER MODELE de la perfection du langage, ta renommée est anéantie par ce profond jugement. On avoit admiré dans toi jusqu'ici l'emploi le plus hardi des mots familiers de notre langue, des beautés d'harmonie qui donnent la vie à tout ce qu'elles expriment, l'abandon le plus vrai dans toutes les passions que tu fais COMBATTRE. EH BIEN, RACINE! IL FAUDRA QUE NOUS TE SÉPARIONS DE TOUT CELA POUR TE TROUVER ENCORE PARFAIT.* Je voudrois bien sçavoir ce qu'il y a de commun entre le talent de Racine, & ce que dit Madame de St***, puisque l'existence des grandes beautés & en général l'absence des défauts se trouvent toujours dans ce grand écrivain ; elle ne pensoit point à Racine en écrivant cela, & M. de Champcenetz se permet là une incursion bien déraisonnable. Pour sentir la vérité de la phrase de Madame de St*** son Zoïle auroit dû se rappeller Colardeau, Ecrivain plein de goût, & certain Professeur du Lycée qui n'en manque pas, & dont on a dit dans la parodie d'Athalie : *son style est sans beautés, mais il est sans défauts.* Voilà ce que c'est que de s'attribuer des ouvrages qu'on n'a point faits ; on n'a pas le sentiment intime des idées qui y sont, & l'on se contredit sottement. Au reste, nous prions le lecteur de faire attention à la niaiserie de cette exclamation que nous venons de citer. *Eh bien, Racine! il faudra que NOUS TE SÉPARIONS DE TOUT CELA pour te trouver encore parfait.* Nous conjurons M. de Champcenetz de ne pas se séparer de son talent, il y perdroit trop ; & qu'y gagnerions-nous ? — Voici la phrase de Madame de St***, qui a fourni à M. de Champcenetz l'occasion de déployer toute sa méchanceté & toute sa niaiserie. *Ah !* dit elle, *si l'homme n'a jamais qu'une certaine mesure de force, j'aime mieux celui qui les emploie toutes à la fois ; qu'il s'épuise, s'il le faut, qu'il me laisse retomber, pourvu qu'il m'ait élevée une fois jusqu'au ciel.* — M. de Champcenetz dit qu'on voit *percer là le sexe de l'auteur ; mais je doute,* continue-t-il, *que celle qui emploie cette image, ait la CONSCIENCE DE L'EFFET QU'ELLE PRODUIT. La cause de cette EXPRESSION un peu libre n'est-elle pas plutôt DANS LA PROFONDEUR DE SON INNOCENCE que dans la chaleur de son imagination.* Cette phrase de Madame de St***, que son critique appelle une *expression*, ne peut pas être prise au physique, quoiqu'elle prête à la plaisanterie ; car il faudroit alors, *pourvu qu'il m'ait* *élevée une fois jusqu'au ciel* DU LIT. Mais pourquoi M. de Champcenetz, qui a eu la méchanceté de voir le tempérament de Madame de St*** dans cette image, a-t-il tout de suite la niaiserie de dire qu'elle est plutôt l'effet *de sa profonde innocence?* Que cet homme-là a peu l'esprit de suite, & qu'il connoît peu la valeur des mots & des idées. — Madame de St*** dit *que Rousseau avoit une grande propriété de termes; ce qui signifie littéralement*, dit M. de Champcenetz, *QUE PRESQUE TOUTE LA LANGUE FRANÇOISE LUI APPARTENOIT*. On ne peut pas être plus ignorant & plus dépourvu d'esprit. Si on disoit à M. de Champcenetz qu'il a une *grande propriété de sottises*, cela seroit vrai, mais ce seroit mal écrit; on parleroit correctement en lui disant qu'il a *une grande impropriété de termes & d'expressions*. Enfin, M. de Champcenetz, après avoir beaucoup déraisonné sur Buffon & Rousseau, & sur autre chose, nous dit que SON ORGUEIL SUSPEND SON INTELLIGENCE, & nous assure que *Sapho vécut dans les desirs qui* *INSPIRENT SANS ENIVRER*.

Dans la deuxieme lettre, notre savant critique dit en parlant de l'Héloïse; *CET ENFANT DU CŒUR de Rousseau a été méconnu*, & il ajoute qu'à la lecture des lettres sur les Bosquets de Clarens, *l'ame se confond avec les sens*. Il arrive enfin aux fameuses lettres sur le suicide. Madame de St*** dit, avec raison, que celle qui le défend est bien supérieure à celle qui le condamne. M. de Champcenetz dit que *cela lui paroît faux & injurieux à la mémoire de Rousseau. Depuis quand*, ajoute-t-il, *la réponse d'Edouard n'est-elle pas foudroyante pour L'HOMME FOIBLE, qui n'a que la mort à opposer au malheur? L'éloquence de Saint-Preux est celle du désespoir, celle d'Edouard est celle du courage.* On voit par ce peu de mots que notre illustre Auteur n'a point compris ces deux lettres de l'Héloïse. Auroit-il combattu ce qu'avance Madame de St***, s'il en avoit saisi le sens? Au reste, il est bon de lui apprendre que c'est à tort qu'il s'imagine que c'est par foiblesse que l'homme malheureux se donne la mort. Il faut au contraire un excès de courage; les femmes ne se tuent pas, ni les enfans, ni les vieillards. C'est en général dans la force de l'âge que l'homme est capable de détruire ce premier sentiment que la nature a mis dans nos cœurs avec la vie; *l'amour de nous.* Les Galériens, ceux, qui travaillent dans les carrieres & dans les mines, & tous ceux enfin qui souffrent & gémissent sur la surface du globe sont donc des hommes de courage! Certes, ce n'est plus une qualité, puisqu'il est si commun, & M. de Champcenetz veut nous dégoûter d'en avoir.

Il dit plus loin que *l'Héloïse met Rousseau au dessous de tous les* ROMANCIERS *&* QUE LE VÉRITABLE SEL DE L'ESPRIT *dont la Lettre de S. Preux sur Paris est assaisonnée, est préférable à toutes les contorsions de la gaité actuelle.* On ne peut pas être mauvais écrivain à ce point-là.

Dans la troisieme Lettre, il dit que Madame de St***. a eu tort de juger l'Emile *avec l'assurance de la profondeur*, & qu'il ne s'attendoit pas *que ces sublimes leçons seroient* DISSÉQUÉES *par une des* BERCEUSES *du genre humain.* C'est bien-là le style des faux Marquis dans les précieuses. Mais voici un trait d'érudition de M. de Champcenetz, qui brille dans l'obscurité de son galimathias. Il dit que *si Rousseau eût destiné son Emile aux orages du grand monde, il lui auroit donné une vie parasite, & le livrant aux enchantemens d'Armide, il lui auroit présenté le miroir du Chevalier Danois.* Nous espérons que le lecteur ne se vantera point d'avoir jamais rien lû de comparable. == *A l'aspect du génie de Rousseau*, ajoute-t-il, *l'éloge & la satyre sont confondus dans le néant.* == *Aujourd'hui*, dit-il, dans un autre endroit, *que le même vernis* COLORE LES ÊTRES LES PLUS CONTRASTANS, *il n'y a plus que les ridicules qui les distinguent.* C'est ce qui arrive à M. de Champcenetz.

Notre illustre Auteur cite ensuite une longue

www.ingramcontent.com/pod-product-compliance
Lightning Source LLC
LaVergne TN
LVHW052029160826
845678LV00003B/1250

* 9 7 8 2 3 2 9 6 4 2 8 8 8 *